Dal rogo al focolare

Canti e leggende sotto il Cervandone

Progetto "Ancamò"

I Viaggiatori Ignoranti

1

Dal rogo al focolare

Canti e leggende sotto il Cervandone

I Viaggiatori Ignoranti - 2024

Testo teatrale di Luca Ciurleo e Barbara Visca

Prefazione di Luca Ciurleo

In scena:

Luca Ciurleo, Claudia Migliari, Rosella Reali

Rappresentato per la prima volta a Croveo (VB) il 28 luglio 2024, ore 20:45.

Introduzione

Il presente testo è quello che amo definire una "Veglia postmoderna", un racconto che, come Viaggiatori ignoranti, abbiamo messo in scena nell'estate del 2024. Si tratta dell'ultima incarnazione di un progetto iniziato con l'Associazione Giovan Pietro Vanni di Viganella nel 2019, dal titolo "Ancamò - Dialogo musicale per antropologo", in cui io, in qualità di studioso, facevo da voce narrante e conducevo, tra musiche e leggende, i presenti in questo mondo della veglia. Uno spettacolo che, nelle nostre idee, voleva essere particolarmente coinvolgente e che, grazie proprio alla parte musicale, è riuscito sempre a rinnovarsi nel corso del tempo. La prima edizione è stata fatta con una cantante, poi è arrivata la collaborazione con il gruppo Passamontagne, e quindi con il Coro Valgarina. In ogni occasione il testo è stato rimaneggiato, ha visto una nuova vita, seguendo il percorso - se vogliamo - della narrazione popolare: a seconda del contesto cambiava e si rimodulava.

Questa, secondo me, è la versione "definitiva", dopo anni di rimaneggiamenti. Con Rosella Reali e Claudia Migliari siamo riusciti a mettere in scena uno spettacolo molto semplice, con una voce narrante che spiega, mentre le due voci femminili cantano e recitano storie e racconti. Alla base del lavoro, naturalmente, c'è un grande lavoro di ricerca in vari campi: Rosella e Claudia, infatti, sono delle ottime ricercatrici e divulgatrici che hanno alle loro spalle varie decine di ricerche e conferenze. Perché fare spettacolo non vuol per forza dire ricorrere alla fiction, e, allo stesso momento, fare cultura non significa necessariamente essere noiosi.

Lo spettacolo è stato scritto insieme a mia moglie, Barbara Visca, forse il mio censore più critico, che ha pesato ogni singola parola.

Il titolo, Dal rogo al focolare - Canti e leggende sotto il Cervandone, vuole ripercorrere la figura della strega nel corso della storia: da una parte quello delle donne che vennero bruciate, ad esempio a Croveo, vittime di processi sommari, dall'altra le streghe nella mitologia, protagoniste dei racconti, spesso orrorifici, che ancora oggi (con mille variazioni) ci tramandiamo.

Lo spettacolo è andato in scena per la prima volta alla festa delle streghe di Croveo, il 28 luglio 2024, con una piccola anticipazione, il giorno precedente, al museo UniversiCà di Druogno.

L.C.

6

INDICE

SCENA I: La veglia

[buio, silenzio, si accendono le luci. Suono di campanelli per attirare le persone.Breve introduzione sullo spettacolo.

Buio, si accendono le candele].

Luca: Questa notte vi porteremo in una stalla.

Una stalla di tanto tempo fa.

Attenti a dove mettete i piedi, che con tutte queste mucche, non si sa mai…

Che schifo, una stalla.

C'è un odore forte, le panche sono scomode, la luce è debole e, diciamolo, non è molto pulito.

Era meglio starsene a casa, eh? Riscaldamento acceso (il condizionatore, se lo spettacolo è d'estate), poltrona, occhi incantati alla tv.

9

Soli, mi raccomando, che gli altri rompono anche un po' le balle.

Qui, il riscaldamento non serve: fuori nevica ma dentro c'è un bel tepore, c'è il calore delle bestie a scaldare le persone [strofinandosi le mani]. Di certo, non si è soli. Ci sono tutti: giovani e vecchi, maschi e femmine, c'è tutta la comunità.

Si chiacchiera molto - i ragazzi è difficile farli tacere - ma quando parlano i vecchi, tutti si mettono in ascolto. Una voce inizia a raccontare.

SCENA 2: La strega di Corcinesco

Ros: «Dianora Farnese, detta La Balda, nacque l'8 marzo   1531 a Graniga, una piccola frazione di Bognanco, da una famiglia di poveri contadini. Seconda di cinque figli, sin dalla giovane età sviluppò un'eccezionale capacità nel comunicare con le capre ed altri animali alpini, oltre ad una naturale perizia nel ricercare e distinguere erbe benefiche per la cura di diverse piaghe e malattie». Dianora era una donna. Era la discendente di quelle antiche druidesse, portatrice di una sapienzialità antica. Conosceva le erbe, sapeva dosarle. Perché l'erba ruta, a seconda del dosaggio, può scacciare i vermi, o avere ben altri effetti!

«Nella primavera del 1553 la ragazza per la prima volta incontrò Leone Negro di Corcinesco,

Trontano, con cui instaurò un'amicizia. Leone aveva da poco perso la moglie, ritrovandosi da solo, con quattro figli maschi da accudire.

Si sposarono il 26 aprile del 1554 e la fanciulla, come consuetudine, si stabilì dal marito, a Corcinesco.

Anche in questo caso, come le leggende insegnano, tra i figli naturali e la matrigna non si creò un bel rapporto. Cresciuti i quattro figli di Leone lasciarono Trontano, e Dianora si ritrovò a gestire l'intero possedimento, perché la salute di Leone, più vecchio di lei, era cagionevole.

Dianora guadagnò nella comunità la fama di guaritrice di uomini e di animali. Ma la differenza tra strega e guaritrice, a quei tempi, ahimé era molto labile.

Nel 1586 i quattro figliastri tornarono a Trontano, dopo lunghe campagne militari, pieni di scudi e con la voglia di rivedere il vecchio padre e riprendere possesso del podere di famiglia.

A Corcinesco, però, regnava la desolazione. Leone era morto da molti anni, mentre la matrigna Dianora era ancora viva, apparendo agli occhi dei fratelli Negro ancora più arcigna ed odiosa. Come fare a liberarsene?

Si va a Vogogna, si fa delazione al pretore, la si accusa di essere una strega.

I fratelli si trovarono la strada spianata: crearono la loro dimora a Corcinesco, costruendo così il palazzo che ancora oggi possiamo vedere: un edificio molto grande, a più piani, di disegno militaresco.

E' il 1589 quando il Capitano di giustizia di Milano ordinò di procedere alla soluzione del caso della presunta Strega di Corcinesco. Dianora venne arrestata il 24 settembre, proprio mentre raccoglieva erbe nei pressi del rio Graglia.

Venne processata a Marone il 12 ottobre del 1593.

Dianora - "La Balda" - fu condannata a morte pochi giorni dopo.

L'ultimo grido, soffocato, è descritto in varie leggende locali come una diretta maledizione verso i responsabili di questa ingiustizia, una maledizione per loro e per tutte le future generazioni.

BRANO I: Folàs de la locura

Ros: Sono io la follia,

Colei che sola infonde

Piacere, dolcezza

E allegria al mondo

Tutti, chi più chi meno,

Rendono omaggio al mio nome

E non c'è un solo uomo

Che pensi d'essere folle

Claudia:

Yo soy la locura

       Sono io la follia,

La que sola infundo

       Colei che sola infonde

Placer y dulzura

       Piacere, dolcezza

Y contento el mundo

       E allegria al mondo

Sirven a mi nombre

       Tutti, chi più chi meno,

Todos, mucho o poco

       Rendono omaggio al mio nome

Y pero no hay hombre

       E non c'è un solo uomo

Que piense ser loco

       Che pensi d'essere folle

SCENA 3: Leggende, storie, racconti...

Luca: Leggende, storie, racconti...
Questa è una veglia. Ed una raccomandazione:
bisogna stare zitti, quando parlano i vecchi! Zitti
perché non puoi mai sapere quello che avranno da
insegnarti. C'è sempre da imparare, dai vecchi.

E poi ci sono quelle volte, e sono tante, in cui
il sapere non viene dalle parole.

Il sapere attraversa tutti i gesti, piccoli e
grandi, della vita contadina.

Il sapere è una tovaglia ricamata. Sono mani
esperte, affondate nell'impasto di un pane di
credenza. È la vecchia falce spaccata in due che
bisogna imparare a trasformare in qualcos'altro di
utile, perché il piccolo universo rurale si regge su
poche, semplici certezze.

Una è che i vecchi hanno sempre ragione.

L'altra è che non si butta via niente.

È un mondo frugale, quello dei contadini. Ma è anche un mondo allegro, pieno di musica e danze e canzoni mai dimenticate. Per questo è bello andare a scuola. Ho sbagliato, dovevo dire: "per questo è bello andare alle veglie".

No. Non ho sbagliato: una stalla, durante una veglia, non è poi tanto diversa da una classe di scuola o da un'aula di Università. Alle veglie, come all'Università, si va per apprendere ciò che è necessario per vivere e lavorare, ma anche con la speranza di conoscere qualche ragazza, è inutile negarlo. Se va bene, la ragazza diventerà la fidanzata e allora si dovrà mettere da parte i soldi per farsi la casa e il corredo.

BRANO 2: Pietà Signore (Stradella)

Claudia:

Pietà, Signore

Di me dolente!

Signor, pietà

Se a te giunge il mio pregar

Non mi punisca

Il tuo rigor

Meno severi

Clementi ognora

Volgi i tuoi sguardi

Sopra di me

Sopra di me

Non sia mai

Che nell'inferno sia dannato

Nel fuoco eterno

Dal tuo rigor

Gran Dio, giammai

Sia dannato

Nel fuoco eterno

Dal tuo rigor

Dal tuo rigor

Pietà, Signore

Signor, pietà

Di me dolente!

Se a te giunge il mio pregar

Volgi i tuoi sguardi

Su me Signor

Su me Signor

Pietà, Signore

Di me dolente!

Signor, pietà

Se a te giunge il mio pregar

Non mi punisca

Il tuo rigor

Meno severi

Clementi ognora

Volgi i tuoi sguardi

Sopra di me

Non sia mai

Che nell'inferno sia dannato

Nel fuoco eterno

Dal tuo rigor

Gran Dio, giammai

Sia dannato

Nel fuoco eterno

Dal tuo rigor

SCENA 4: LE STREGHE OSSOLANE

Ros: Trento, tra il 1545 e il 1563: in un clima di grande austerità si svolse il Concilio, che diede vita alla Controriforma.

Non fu l'oscuro Medioevo il periodo in cui si bruciarono le streghe, ma il luminoso Rinascimento. Il concilio fu la risposta della chiesa di Roma alle tesi affisse presumibilmente sulla cattedrale di Wittenberg nel 1517 da Martin Lutero, che accusavano, in estrema sintesi, di corruzione e dissolutezza l'apparato ecclesiastico.

Il Concilio aveva lo scopo di dare nuova vita e nuovo vigore alla chiesa, stabilendo una serie di regole ferree sia per il clero, che aveva l'importante compito di diffondere la fede cattolica anche nelle regioni più remote, che per il popolo, riconosciuto capace di scegliere liberamente fra bene e male e quindi di decidere se abbracciare o no l'ortodossia.

Dalla lontana città di Trento, in quegli anni oscuri e austeri, ci spostiamo per raccontare questa storia, alla valle Antigorio, luogo dalla bellezza selvaggia, popolata da gente semplice, dedita alla pastorizia, all'agricoltura e agli scambi commerciali.

Fra il 1575 e il 1620, causa della sua vicinanza con la Svizzera, che garantiva una certa prosperità economica, e di una serie di comportamenti dei fedeli ritenuti non in linea con quanto stabilito dal Concilio, la valle Antigorio fu oggetto di visita degli inquisitori che intendevano riportare in questa terra, dove sopravvivevano culti antichi, tramandati dal sussurro del vento, l'ordine e diffondere la parola di Dio.

Il prete da una parte e la levatrice, depositaria di un

antico sapere, dall'altra, correvano insieme al capezzale della partoriente, portando a proprio modo il sollievo dell'anima e del corpo. La loro convivenza durava da quando gli uomini e le donne della valle ne avevano memoria e tutto quello che accadeva fra queste montagne, lontano da occhi indagatori, non arrivava fino alle orecchie della chiesa di Roma, e così la vita scorreva serena, fluttuando sulle ali del tempo, sospesa fra sacro e profano, senza che il vecchio culto e quello nuovo entrassero in conflitto.

Ma qualcosa un giorno arrivò a spezzare quel delicato equilibrio, turbando gli animi della gente e facendo cambiare il vento.

La caccia alle streghe nelle nostre valli iniziò intorno al 1570, senza che nessuno se ne rendesse veramente conto per molto tempo, perché i roghi e i processi si svolgevano in terre considerate ancora lontane.

Il destino delle anime dei fedeli e la confisca dei loro beni, necessari per far fronte alle spese processuali, erano oggetto di contesa fra stato e chiesa.

Tutto cambiò nel 1575 quando in valle Antigorio arrivarono due giovani domenicani, fra Alberto e fra Domenico, incaricati di cercare in questi luoghi lontani tracce di eresia…. E ne trovarono.

Si imbatterono in donne abituate a riconoscere, raccogliere e trasformare le erbe, a preparare unguenti e pomate in grado di lenire il dolore, conoscitrici di parole di riti antichi, che nulla avevano a che fare con la religione cattolica. Si tramandavano l'antico sapere di madre in figlia, mantenendo vivo il ricordo delle loro origini. Ma chi erano queste donne? Medichesse? Herbarie?

Guaritrici? Sacerdotesse? O forse streghe?

Con l'aiuto del vicario di Baceno, iniziarono un'indagine ispettiva, girando fra la popolazione in cerca di risposte.

Non riuscendo ad ottenere nessuna informazione che li aiutasse a stabilire con certezza che si era di fronte all'eresia, con molta probabilità sul portone della chiesa dedicata a San Gaudenzio a Baceno, venne affissa una comunicazione che riportava queste parole:

Luca: «...noi vicario del vescovo e del giudice, prescriviamo e ordiniamo quanto segue: si conti fino a circa dodici giorni a partire da oggi. Allo scadere di questi il giudice secolare manderà un ordine affinchéé ci venga rivelato se qualcuno abbia saputo, visto o sentito dell'esistenza di una persona eretica o di una strega, per diceria o sospetto, in particolare se si tratta di persona che pratichi cose tali da nuocere agli uomini, alle bestie o ai frutti della terra. Se costui non obbedirà ai nostri ordini e non testimonierà entro il termine stabilito sappia che sarà trafitto dalla spada della scomunica...»

Ros: Paura. Terrore. Che si diffuse velocemente: bastava una parola sbagliata per rovinare la vita di qualcuno per sempre. I frati avevano ottenuto il loro primo scopo: instaurare un generale clima di sospetto e paura. Dopo alcuni giorni decisero di aver raccolto sufficienti informazioni a carico di 20 donne di Baceno, Crodo e Croveo: le prove a carico delle accusate erano schiaccianti, non lasciavano ombra di dubbio alcuno.

Decisero così di tornare a Novara, dove riunirono il tribunale della Curia, sotto il diretto controllo del vescovo, ed il tribunale della Santa Inquisizione, gestito dai frati domenicani.

[Le carceri novaresi nel 1500 erano quattro: quelle del comune, all'estremità sud-est del broletto, la stallazza o malastalla, una specie di magazzino posto sotto la camera della tortura nel palazzo del podestà, le carceri della Santa Inquisizione Romana, nei locali del convento domenicano di san Pietro Martire e le carceri episcopali, nei sotterranei dell'attuale curia novarese].

Dopo una breve consultazione, viste le prove schiaccianti ottenute durante l'indagine ispettiva, iniziò un processo ritenuto giusto e, vista la loro inconfutabile colpevolezza, le accusate furono sottoposte alla sola punizione che potevano meritare:

Luca: …la tortura.

Cosa accadde dopo? Dieci di loro furono rilasciate, con l'obbligo degli arresti domiciliari. Sette furono riconosciute innocenti, vittime delle calunnie dei compaesani. Una fu condannata a restare in carcere fino alla morte. Gaudenzia Fogletta di Rivasco e Giovanna, detta la Fiora, di Croveo, furono condannate al rogo.

La sentenza fu eseguita dal braccio secolare, cioè dall'autorità civile, perché

Luca: "E c c l e s i a   n o n   n o v i t sanguinem", la chiesa non sparge sangue,

Ros: …ma emette le sentenze.

Sulla vicenda rimangono dei punti oscuri.

Ci si potrebbe domandare come mai alcune di loro furono rilasciate. C'è chi ritiene che il loro destino fu benevolo grazie al pagamento di ingenti somme da parte delle famiglie perché fosse loro risparmiata la vita, denaro che servì per la costruzione della chiesa di san Pietro Martire a Novara. Uno dei due solerti frati, Domenico, divenne personaggio di spicco del mondo ecclesiastico in quegli anni.

Delfino del cardinale Antonio Ghisleri, padre della Controriforma e successivamente papa con il nome di Pio V, fra Domenico Buelli divenne padre priore dei frati domenicani di Novara ed inquisitore generale del sant'Uffizio in città. Preso dal suo ruolo di giustiziere contro la stregoneria, nel 1585 fece iniziare i lavori di ampliamento della sede inquisitoriale a Novara. Non pago della grandiosità del progetto in atto, decise di far costruire anche una nuova sede del Sant'Uffizio e due carceri.

Fra il 1591 e il 1592, fra Domenico torturò con grande piacere personale un numero imprecisato di donne provenienti dalla valle Antigorio. Confessarono tutte, ma nessuna fu condannata al rogo purificatore in quanto il vescovo di Novara, Pietro Ponzone, ritenne tutti i processi illegittimi non essendosi svolti davanti ai due rami del tribunale ecclesiastico.

Nel 1593 fu eletto vescovo di Novara Carlo Bascapè, grande amico e protetto di Carlo Borromeo, anch'egli attivo nella caccia alle donne accusate di stregoneria.

I rapporti fra il Buelli e il Bascapè furono da subito

tesi, per la differente visione nell'utilizzo della tortura.

Il vescovo fu più cauto verso le donne della valle Antigorio, non perché il suo animo fosse spinto da benevolenza verso donne innocenti fino, ma perché temeva di inimicarsi la popolazione, fonte di una certa ricchezza. In compenso, non risparmiò pene e sofferenza agli ecclesiastici ritenuti eretici.

Infatti, durante le sue visite in valle, non ancora vescovo, aveva riscontrato una certa dissolutezza nel clero, ritenuto non all'altezza del ruolo che avrebbe dovuto ricoprire come apostolo di Cristo. Vorrei ricordare il caso del curato di Crodo, Domenico Zuffo, che fra il 1500 e il 1600 fu processato quattro volte per comportamenti violenti e vita dissoluta. Durante il vescovato del Bascapè, ritenuto recidivo, lo Zuffo venne processato e arrestato per concubinato, con l'aggravante di aver vissuto nella casa parrocchiale con la compagna e i figli nati dalla loro illegittima relazione.

Ma cosa accadde negli anni successivi in valle Antigorio?

Nel 1601 finirono sotto accusa degli inquisitori due uomini: Domenico Pignolo, formaggiaio e pastore di Croveo, accusato di eresia perché visse per 15 anni in Svizzera per lavoro, senza mai assistere ad una funzione religiosa e Giovanni Chiapino, commerciante di Baceno, accusato anch'egli di eresia per aver dato lavoro ad una persona che si era avvicinata al mondo luterano.

Il Buelli in quell'occasione sfoggiò tutta la sua intransigenza nel tollerare certi comportamenti, tanto che ottenne una piena confessione dai due e otto nuovi nomi, tra pastori, commercianti e trafficanti di bestiame.

Come finì il processo non lo sappiamo con certezza, ma grazie ai documenti a noi arrivati, siamo a conoscenza solo del fatto che

gli accusati furono sottoposti alla tortura della corda e al curlo, per provocare la slogatura delle braccia e pertanto è lecito pensare che la loro confessione e l'accusa verso altri malcapitati non avessero fondatezza.

Nel 1603 fra Domenico Buelli morì, lasciando il posto a fra Gregorio Manini da Gozzano, che si rivelò molto simile al suo predecessore nell'accanimento contro le donne. Ossessionato da alcune pratiche , era solito utilizzare la tortura psicologica come mezzo per ottenere il proprio scopo.

Nel 1605 a finire nelle mani del Manini fu Maria detta Gianola, rimasta invischiata in una faida fra Baceno, Croveo e altri paesi della valle. La donna non venne torturata, ma confessò spontaneamente di essere salita sul monte Cervandone, in groppa ad un demone e lì di essersi unita a lui come sua concubina. Trattenuta per un mese e mezzo, venne rilasciata

Luca: «...talmente malconcia da parere una morta...».

Ros: Nel frattempo in valle Antigorio le liti intestine tra famiglie avevamo compromesso la situazione.

Nel 1609 si presentò ai curati di Baceno una ragazza, Elisabetta del fu Antonio de Giuli, detta la

"Bastarda". Orfana dei genitori, Elisabetta fu allevata da una donna che la prese con sé. Viveva in condizioni di estrema povertà. Davanti ai preti raccontò di essere stata costretta a partecipare, da quattro donne, ad un sabba,

Claudia: «... il gioco dei monti di Devero...».

Ros: Le donne, compresa colei che l'aveva allevata, furono subito arrestate e condotte in carcere a Crodo.
Elisabetta cominciò a parlare.
Raccontò di quegli incontri proibiti al chiar di luna, del cannibalismo neonatale, dei balli e dei baccanali. Non rivelò mai dove si trovasse il luogo del ritrovo, il monte Cervandone. Dopo quella

confessione, alcune donne vennero arrestate. Fra loro c'era Caterina del Franzino della Preia, detta la Mandarina, che dopo le torturate subite 35 anni prima dal Buelli mentre era incinta, aveva perso il suo bambino.

Nonostante la paura per ciò che la aspettava, interrogata anche lei sul luogo del ritrovo disse:

Claudia: «...il Cervandone? Io non so se sia una montagna oppure pianura...».

Ros: Un'altra donna portata alle carceri di Crodo fu Comina Zinetta detta la Taramona. Anche lei, come la Mandarina, venne inquisita in precedenza. Sottoposta a nuovo interrogatorio, ammise di conoscere il Cervandone ma di non saperlo localizzare con esattezza. La poveretta non uscì mai dalle carceri novaresi, morì là dentro per le privazioni a cui fu sottoposta.

Altre due accusate da Elisabetta furono Domenica vedova di Antonio di Baceno, detta la Galeazza e Maria detta la Gianola, anche lei per la seconda volta sotto accusa. Quest'ultima ammise di aver partecipato al sabba e di essersi congiunta con il demonio, ma non rispose mai alle domande sul Cervandone come luogo di ritrovo.

La Gianola accusò a sua volta altre donne, tra cui Domenica detta la Brenesca.

Nel giugno 1610, si procedette con nuovi arresti. Fra le persone imprigionate vi era Giacomina, moglie di Giovanni Patucione di Croveo; quando venne interrogata, forse per la sofferenza, forse perché sapeva qualcosa, si fece sfuggire una frase sul monte Cervandone: «... io sono donna per bene! Non sono andata lassù a vedere quelle cose! Ma io non so dire altro...».

Le vicende inquisitoriali della valle Antigorio si fermarono alla fine del 1611. Al momento non abbiamo altre informazioni, vista l'impossibilità di accedere agli archivi, per poter aggiungere particolari alla nostra storia, che già così com'è, è una storia da raccontare e da ricordare.

Sappiamo con certezza che la paura regnò incontrastata in quegli anni anche in valle Antigorio. Questa sera, oltre ai fatti narrati e ai personaggi che hanno dato colore a questa vicenda, vorremmo ricordare anche chi perse la vita per mano dell'Inquisizione e di quel meccanismo ingiusto e cruento che solo il tempo ha saputo fermare:

Ros, Luca e Claudia: si legge un nome alla volta:

Domenica vedova di Antonio da Baceno detta Galeazza, Domenica vedova di Domenico della Beula detta Brenesca, Caterina moglie di Giovannetto Bianchino della Prea, Giovanna moglie di Giovanni Rigotto, Domenica moglie di Domenico Girardo detta Gioia, Margherita vedova di Giacomo del Rigo, Giacomina moglie di Giovanni Patuscione, Domenica vedova di Bernardino Frassetto, Elisabetta del rigo moglie di Guglielmo Buscetto, Elisabetta de Giuli detta la Bastarda, Caterina moglie di Nicola della Balmicia, Caterina del Franzino della Preia detta la Mandarina, Caterina Gattona vedova di Domenico di Crodo, Maria moglie di Giacomo Musa, Domenica detta

Coscietta del fu Antonio di Guenzo, Domenica Pedaglia vedova di Domenico, Caterina vedova di Giacomo Augustinetto, Domenica vedova di Giovanni Ayramo, Francesco Camoscetto, Giovanni Patuscione, Gaudenzia Fogletta, Giovanna detta la Fiora, Giovanni Chiapino, Domenico Pignolo, Antonio Minoia, Antonio d'Autino, Lorenzo Cerrone, Giovanni Nusa, Giacomo Dlusetto, Bernardino Ofrino, Giacomo Francione.

Ros: La caccia alle streghe continuò intanto in tutta Europa senza sosta ancora per molti anni. L'ultimo omicidio di una donna accusata di stregoneria avvenne a Varallo Sesia, nel Vercellese, nel 1828.

In effetti, le streghe hanno smesso di esistere quando noi abbiamo smesso di bruciarle....

[BUIO]

BRANO 3: Schiarazula marazuIa

Claudia:

Schiarazula marazuIa

La lusigne, la cracule

La piciule si niciule

Di polvar a si tacule

O schiarazule maraciule

Cu la rucule e la cocule

La fantate jè une trapule

Il fantat un trapolon

Schiarazula marazuIa

La lusigne, la cracule

La piciule si niciule

Di polvar a si tacule

O schiarazule maraciule

Cu la rucule e la cocule

La fantate jè une trapule

Il fantat un trapolon

Schiarazula marazula

La lusigne, la cracule

La piciule si niciule

Di polvar a si tacule

O schiarazule maraciule

Cu la rucule e la cocule

La fantate jè une trapule

Il fantat un trapolon

Traduzione:

Scjaraciule (bastone, bordone) e Maraciule (finocchio), la lucciola e la raganella, la piccola si dondola e di polvere si macchia. O' scjaraciule maraciule, con la rucola e la noce, la ragazza è una trappola (bugiarda) il ragazzo un trappolone.

SCENA 5: IL PAIOLO DELLE LEGGENDE

Luca: Indicando il paiolo e rimestandovi dento.

Sapete cosa c'è qui dentro?

Voi direte polenta, ma in realtà c'è Re Artù.

Perché dico questo? Perché la tradizione è fatta anche - e forse soprattutto - di leggende. Racconti mitici e mitologici con cui costruiamo noi stessi, la nostra identità, il nostro piccolo mondo. Lì c'è la strega, non ci andare! Non andare nel bosco dopo il tramonto, perché escono gli spiriti! Arriva la Vaina!

Pensate che Tolkien, quello Signore degli Anelli, ha scritto anche un saggio sulla fiaba.

Per spiegare l'origine delle fiabe, ha usato l'immagine di un Paiolo in cui ribollono incessantemente fatti, personaggi, ricordi, leggende.

Un giorno, decido di cucinare un condottiero del quinto secolo, un certo... Artorius. Prendo Artorius, lo butto nel Paiolo e inizio a mescolare. Cioè, a raccontare. Nel Paiolo, Artorius si fonde con altri "ingredienti", fatti più antichi, più recenti, miti di vecchi dei... Tolgo il coperchio, è diventato Re Artù. Mescolo ancora, e Artù si trasforma nel Re delle Fate.

Nella zuppa della tradizione, certo, Re Artù è un boccone di pregio.

Ma possiamo anche usare ingredienti più poveri. Non è una ricetta difficile. Costruiamo la nostra geografia attraverso le leggende. Costruiamo noi stessi, il nostro mondo.

Quello che noi raccontiamo ai nostri figli è un tesoro di parole, un tesoro fatto di basilischi, streghe che danzano, uomini selvatici, serpenti che volano, spiriti che piangono nelle notti di vento. Qualcuno, oggi, storce il naso e le chiama superstizioni, sciocchezze, bambinate.

Noi antropologi no. Noi la chiamiamo "geografia dell'immaginario".

E pensiamo all'importanza della natura in queste leggende.

La terra -la natura- è prima di tutto, un pensiero.

L'idea di natura, sul finire del Novecento, corrisponde all'immagine di un giardino dell'Eden incontaminato e mitizzato.

Più la natura si allontana dalla realtà quotidiana, più si allarga lo spazio che occupa nella fantasia.

I più volenterosi non si accontentano della fantasia: partono a cercarla, la natura, la natura selvaggia, il nostro Paradiso perduto che vogliamo riconquistare lungo un sentiero di montagna o tra i muri spogli di un bivacco in alta quota. Lo diceva anche Battiato, alle soglie degli anni '90: "Ci si ritrova a dormire spesso dentro un sacco a pelo / per non perdere il contatto con la terra".

Lui si riferiva, pensate un po', alla Mesopotamia, ma senza volerlo ha fatto il ritratto del tipico turista che affronta la montagna per vivere emozioni vere. Quello che magari poi finisce nelle pagine di cronaca perché si è perso e deve andare a recuperarlo il soccorso alpino perché in ciabatte sul ghiacciaio...

Chissà cosa cerca, quel turista in sacco a pelo.

Una natura mitizzata che, nella tradizione, mai è esistita.

Ma quindi cosa ci troviamo in questo bel minestrone di leggende ossolane?

L'ingrediente principale sono le streghe, di cui abbiamo parlato dal punto di vista storico. Ma cosa rappresentano le streghe dal punto di vista antropologico e soprattutto leggendario? Si tratta della categoria più importante: i racconti relativi a streghe, a donne che facevano riti di magia, che rubavano - e cucinavano - i bambini è molto ricco. Da Hansel e Gretel a The blair witch project. Le donne, portatrici di una sapienzialità antica venivano accusate di eresia, di avere rapporti carnali con i diavoli.

Sono figure ambivalenti, rappresentano le donne indipendenti, padrone del proprio corpo, consapevoli delle proprie esigenze ed anche delle condizioni economiche in cui vivevano. Donne che, come dimostrano alcune ricerche condotte proprio sul territorio della ex diocesi di Novara, anche solo una settantina di anni fa, sapevano gestire gravidanze non desiderate…

Erano donne, come testimoniato in alcune valli laterali della Valtellina, che gestivano molto bene i bambini. Ad esempio, dovendo lavorare per diverse ore molto distante i bambini potevano essere un problema. Ed ecco quindi, davanti alle case, le donne coltivavano dei bellissimi papaveri, più grandi rispetto a quelli che siamo abituati a vedere. E con questi bellissimi papaveri facevano delle ottime tisane che davano ai bambini, che dormivano tranquillamente per tutto il pomeriggio... Stiamo parlando, naturalmente, dei papaveri da oppio.

Una figura, quello della donna, erroneamente considerata quasi proprietà del marito, ma indipendente e regina della casa. Come le principesse Disney, molto meno succubi di quanto si possa erroneamente credere, eroine che dimostrano la forza delle donne.

Riflettiamo su come questi archetipi leggendari siano ancora oggi molto importanti ed influiscano nella cultura pop, nella cultura di massa: The Blair witch project, successo planetario di fine millennio era infatti la storia di un gruppo di ragazzi che andavano alla ricerca della Strega di

Blair, perdendosi in un bosco. Un film che riusciva a comunicare enorme angoscia senza per forza eccedere - come accade troppo spesso negli horror degli ultimi anni - in quello che viene definito "torture porn".

Un altro breve spunto di riflessione è dato dalla figura della strega, che si occupa delle figure che vivono ai margini della società. La giovane rimasta incinta di un soldato. La ragazza che non vuole sposarsi. La vedova in rovina.

E poi, nel calderone delle leggende c'è la fisica. Nulla a che vedere con il moto dei corpi: "fare la fisica", nel mondo tradizionale, significava fare dei malefici, degli scherzi pesanti. Il racconto della Fisica testimonia la paura del buio, o meglio della mancanza di luce. Mi spiego meglio: dopo il suono dell'Ave Maria - ancora una volta le campane segnano il tempo lecito, benedicono il giorno ed avvertono l'arrivo dell'arrivo del buio, l'ora dei fantasmi e delle streghe - poteva capitare di trovarsi la strada sbarrati da animali paurosi. Caproni, maiali - il maiale era infatti bestia satanica -, lupi, cani... potevano ostruire il cammino del viandante che, preso dal panico, cercava di difendersi con quello che poteva. In alcuni casi, colpendo la bestia con sassi o bastoni, ferendola. Salvo poi scoprire, il giorno dopo, che in realtà l'animale mostruoso che si era parato davanti era in realtà una persona. E la si riconosceva perché condividevano la stessa ferita.

Ma chi era il fisico? Solitamente era accusato di "fare la fisica" la persona colta, colui che conosceva "il latinorum", il medico piuttosto che il prete. Perché nell'apparto leggendario c'era una grande diffidenza verso la cultura dei libri, in un mondo dove la trasmissione del sapere era soprattutto per via orale.

BRANO 4: Oh villanella!

Claudia   [solo]

Oh Villanella

O Vilanella quand'a l'aqua vai

Dimi se fresca torn'e poi che fai

Non posso mo

Dimelo mo o Vilanella bella

Et quando ti basciaro o dolce Vilanella.

SCENA 6: È Sempre stato così!

Luca: "È sempre stato così!" [sottolineandola con il dito indice]

Un antropologo conosce bene questa frase. La sente ripetere in ogni intervista.

La tradizione, uno se l'immagina come una specie di monumento di granito.

Intoccabile. Immutabile. Guai a spostare una virgola.

Vuoi rischiare la vita? Vai da un romano, digli che fai la carbonara con il bacon!

"Ma da sempre ce se mette er guanciale!"

Questo sempre, nessuno sa quando è iniziato.

È un passato remoto, questo è certo: il morto è sempre una brava persona, la tradizione è sempre antica. Poi, fai due ricerche, e scopri che i tipici biscotti dell'Ossola, del Lago Maggiore, o del

Paesello-In-Cima-Ai-Monti hanno cinque, dieci, vent'anni. Ti viene in mente che il Big Mac, di anni ne ha cinquanta. La Coca-cola, cento trentatré. Qualcosa non torna.

Allora cambi idea. Cominci a capire che la tradizione non è un blocco di granito.

Al contrario, sfugge tra le mani come l'acqua

È un bene, perché se non fosse così liquida e mutevole non potrebbe sopravvivere: se fai la carbonara esclusivamente quando aspetti di avere in casa il guanciale perfetto, finisce che la carbonara non la fai più, la carbonara esce dalla tua quotidianità. Rischi che i tuoi figli non sappiano neanche più cosa sia, una carbonara.

Le tradizioni muoiono così, quando perdono la capacità di trasformarsi, di cambiare stato. Quando smettono di essere acqua.

Le tradizioni cambiano, è vero - altrimenti mangeremo ancora oggi il Garum una salsa di teste di pesce fermentate, vera e propria leccornia dei Romani - ma sono anche quello su cui fondiamo noi stessi, su cui fondiamo la nostra base, la nostra casa.

La tradizione è una catena, fragilissima, un anello attaccato all'altro, una generazione dopo l'altra. E quando si rompe un anello la tradizione finisce, si interrompe, e ci lascia come una nave in mezzo al mare in balia delle onde e senza un'ancora a fermare il nostro naufragio.

Quando perdiamo quest'ancora, quando perdiamo le tradizioni, naufraghiamo in un mare troppo grande per sentirci a nostro agio, e perdiamo noi stessi, perdiamo le nostre basi ed il senso di appartenenza. Perdiamo la nostra casa, e rimaniamo soli. Un senso di spaesamento ci pervade, non sappiamo che fare, come comportarci, ci sentiamo degli animali indifesi. Ed è per questo che cerchiamo la tradizione ovunque. Siamo animali sociali ed abbiamo bisogno di certezze, anche quando le cose vanno male. Soprattutto quando le cose vanno male.

BRANO 5: LA VACHA MALA

Ros: La Michelin ha sofferto per la crisi industriale,

Il capo mi ha chiamato, "basta con le gomme, licenziato!"

Ma la vacca mangia mangia e il maiale beve bene

E io sdraiato sulla paglia, che morbido! - come sto bene!

E il vitello salta nella greppia per mangiare il fieno

E io sdraiato sulla paglia, che morbido! - come sto bene!

Ma poi, disgraziato, mi tocca dire tutto alla moglie

E ti trovo la mia Guidina con Gino, il postino!

Ma la vacca mangia mangia e il maiale beve bene

E io sdraiato sulla paglia, che morbido! - come sto bene!

E il vitello salta nella greppia per mangiare il fieno

E io sdraiato sulla paglia, che morbido! - come sto
bene!

Il giorno dopo è arrivata con un altro uomo,

brutto da far paura, e insieme m'han rubato i
mobili e i soldi!

Ma la vacca mangia mangia e il maiale beve bene

E io sdraiato sulla paglia, che morbido! - come sto
bene!

E il vitello salta nella greppia per mangiare il fieno

E io sdraiato sulla paglia, che morbido! - come sto
bene!

Claudia:

La Michelin ilh a patit per la crisi endustriala,

Lo cap al m'a chamat, "pron de gomes, licensiat!"

Ma la vacha malha, malha, e lo puerc beu ben

E mi cojat s'la palha, ò fofo! que isto ben

E lo veel sauta s'la grupia per manjar son fen

E mi cojat s'la palha, ò fofo! que isto ben

Apres, desconsolat, me chal dir tot aquò a la frema,

Mas trobo mía Guitin abó Gino, lo postin!

Ma la vacha malha, malha, e lo puerc beu ben

E mi cojat s'la palha, ò fofo! que isto ben

E lo veel sauta s'la grupia per manjar son fen

E mi cojat s'la palha, ò fofo! que isto ben

Lo jorn apres d'aquò ilh es arubàa abó n'aute òme,

Un brut que fasia pòu, m'an raubat la mobilia e i sòuds!

Ma la vacha malha, malha, e lo puerc beu ben

E mi cojat s'la palha, ò fofo! que isto ben

E lo veel sauta s'la grupia per manjar son fen

E mi cojat s'la palha, ò fofo! que isto ben

SCENA 7: Sfumature

Luca: La società contadina non ama le sfumature. Non ammette vie di mezzo. Ecco il motivo ultimo della caccia alle streghe: le streghe erano le donne che andavano controcorrente, che reclamavano a gran voce il loro ruolo, che c'è sempre stato, in una società che stava diventando sempre più maschilista. La donna, il principio femminile, passa dall'essere divinità all'essere espunta, buttata fuori dal culto. La madre non trova posto nel segno della croce, sostituita dallo Spirito Santo. Salvo poi tornare prepotentemente sotto forma di Maria, di Madonna, di Vergine o di sante.

Come dicevamo la società contadina vive di contrasti netti, di bianco e di nero, giusto e sbagliato, lavoro e riposo, di tempi grassi e tempi magri. L'anno si divide tra feste e digiuni. La comunità, tra maschi e femmine.

La tradizione costringe i due sessi entro confini ben definiti, stabilisce le loro occasioni di incontro e le ritualizza. Nelle veglie, i maschi stanno da una parte, le femmine dall'altra e imparano il ricamo, il cucito, insomma tutte quelle attività che ancora sulle pagelle di inizio Novecento si chiamano "lavori donneschi". Quando invece il calendario segna l'arrivo di una festa importante, i maschi e le femmine possono - e devono! - incontrarsi, devono partecipare attivamente alle celebrazioni, si trasformano in *attori rituali*.

Così li chiamiamo noi antropologi: attori, come quelli sul palcoscenico.

Attori e attrici, con ruoli ben diversi.

Accade di solito in occasione delle feste primaverili, le feste arboree, che segnano il ritorno della bella stagione e il risveglio dal sonno invernale. Le ragazze, per una volta, sono autorizzate, anzi incoraggiate a mettersi in mostra, a segnalare di aver raggiunto quell'età in cui possono diventare mogli e madri: indossano costumi appariscenti, cambiano acconciatura, portano la cavagnetta sulla testa durante la processione e così facendo obbligano il corpo ad assumere una postura diversa, a mettere in evidenza le forme e il portamento, che sono ormai le forme e il portamento di donne adulte. [*Luca fruga nel baule ed estrae una piccola cavagnetta*]

Anche i ragazzi fanno la loro parte: accendono il falò, cercano di attirare l'attenzione delle ragazze, fanno chiasso, scherzano, agitano verso le donne il campanaccio legato intorno alla vita. L'avete capito, vero, cosa simboleggia il campanaccio? [*Luca agita il campanaccio*]

Le ragazze lo capiscono di sicuro.

Capiscono che quello che avviene davanti ai loro occhi, tra il bagliore dei fuochi, è un passaggio di status. Anche il bambino diventa uomo.

A volte, i maschi si caricano sulle spalle la statua del santo. <u>E poi si avviano in processione, seri, guai a mostrare il disagio e la fatica di quel cammino.</u>

Si deve portare il peso del santo come, tra breve, si porterà il peso di una propria famiglia.

SCENA 8: Conclusione

Luca: Oggi viviamo in un mondo globalizzato, un mondo complesso, volto - apparentemente - alla modernità. Eppure, la globalizzazione è un mostro affamato di tradizioni, di leggende. Ma è un mostro con due teste: da un lato ne amplifica la notorietà in ogni angolo del pianeta. Ecco perché perfino i bambini della nostra piccola Italia conoscono gli dei della Polinesia e i riti messicani del Dìa de Los muertos [Luca mostrando dei disegni della Disney e gettandoli tra il pubblico].

Dall'altro, uniforma e rimescola tutto in una salsa dolciastra che ha ovunque lo stesso sapore, perché tutto deve essere compreso da tutti e nessuno deve sentirsi offeso o turbato.

Se vogliamo dirla in maniera più complicata, stiamo assistendo ad una progressiva destrutturazione del corpus leggendario. Non so se è un bene.

Le fiabe avevano uno scopo preciso: terrorizzare i bambini per tenerli al sicuro dai pericoli veri, ben più gravi di un brivido di paura. Le sorellastre di Cenerentola finiscono mutilate e accecate. La strega di Biancaneve non cade da un dirupo, ma è sottoposta alla tortura delle scarpe roventi. Nessun cacciatore salva Cappuccetto Rosso.

La lezione è chiara: nella vita, malvagi e sprovveduti non meritano pietà.

E poi ci sono gli stupri, i tentativi di incesto, l'abbandono di minori, l'omicidio plurimo, il cannibalismo, l'infanticidio, il fratricidio, il vilipendio di cadavere. Insomma, le fiabe di Perrault. Fiabe come Pollicino o Pelle d'Asino, che non osiamo più raccontare ai nostri figli nelle loro versioni più antiche. Salvo poi andare al cinema per il piacere di inorridire di fronte a un Cappuccetto Rosso sangue, o a due Hänsel e Gretel adulti, violenti e armati di balestra: è il lato raccapricciante della fiaba, che cerca ancora di farsi ascoltare dietro la melassa disneyana. Non si butta via niente, nel gioco della tradizione: nemmeno l'orrore.

Perché la tradizione orale è viva, è mutevole, e le fiabe ci piacciono sempre.

Ci piacciono così tanto che al supermercato andiamo dritti a cercare proprio quei biscotti lì, quelli nella confezione marroncina effetto vecchia-carta-da-pacco Perché?

Non siamo stupidi, lo sappiamo che questo biscotto [mostrandolo al pubblico] viene da uno stabilimento industriale gestito da esperti di marketing, asettico, ipermoderno, iperefficiente, popolato da uno stuolo di addetti alla produzione in camice bianco e guanti di lattice. Per fortuna.

Ma la storia dell'artigiano con le mani infarinate e il grembiule sgualcito, che si muove tra il vecchio tavolo di legno grezzo e il campo di grano dorato appena fuori dalla porta è troppo bella per non essere raccontata.

Visto? Senza una fiaba non compriamo neanche un pacco di biscotti [morde il biscotto]. E deve essere una fiaba che sa di tradizione.

La tradizione è la risposta dell'uomo al suo bisogno di sicurezza.

Siamo animali indifesi, lo siamo ancora oggi, dietro il monitor di un computer o dentro un'auto che tra non molto si guiderà da sola. Possiamo viaggiare verso Marte, ma non siamo molto diversi dai primi ominidi che in epoca preistorica si sono diffusi su tutto il pianeta. Viviamo ancora come scimmie spaurite, ancora temiamo che il sole possa non sorgere più e allora, quando l'inverno è più nero, dobbiamo incendiare le nostre valli di falò rituali, per dire al sole che deve ritornare.

Come animali, siamo sempre in cerca di una tana sicura per sopravvivere alle intemperie di un mondo sempre più piccolo. Non dormiamo, se in quella tana non c'è la nostra coperta fatta di passato, di ricordi d'infanzia recuperati in un mercatino, di vecchie storie intrecciate insieme.

Oggi, a quella coperta, abbiamo aggiunto qualche filo.

BRANO 6: Se chanto

Luca: [armonica]

Claudia: Se Chanto

Devant de ma fenestro ia un auzeloun

Touto la nuech chanto, chanto sa chansoun.

Se chanto que chante, chanto pa per iou

Chanto per ma 'mio, qu'es da luenh de iou.

Aquelos mountanhos que tan aoutos soun

M'empachoun de veire mes amour ount soun.

Baisà-vous mountanhos, planos levà-vous

Perquè posque veire mes amour ount soun.

Ros: Se canta

Davanti alla mia finestra c'è un uccellino

Tutta la notte canta, canta la sua canzone.

Se canta che canti, non canta per me

Canta per la mia amica, che è lontana da me.

Quelle montagne che sono così alte

M'impediscono di vedere dove sono i miei amori.

Abbassatevi montagne, pianure alzatevi

Perché io possa vedere dove sono i miei amori.

Si spegne il fuoco, si abbassano le luci, si esce di
scena. Luca spegne la candela.
    Buio.

BIS: La Vaina

Luca: La nostra veglia è ormai finita, ma se volete abbiamo un piccolo bis. Una storia dell'orrore che sembra tratta da King. Ed invece è una storia tipicamente ossolana.

Abbiamo detto che la società ha dei ruoli sociali ben definiti a cui vengono istradati fin da bambini. Non è un caso che, prima dell'avvento della Barbie, forse uno dei giocattoli maggiormente di rottura mai concepiti, le bambine avessero solo la Pigotta, la bambola di pezza che simulava ed allenava a prendersi cura di un bambino piccolo. La Pigota - che qualcuno chiamerà Cicciobello - andava cullata, le andava cambiato il pannolino, la si allattava… Ma cosa succede quando una madre non riesce a reggere questo ruolo, così difficile?

Il dramma. La donna che non sopporta le incombenze di madre condanna il proprio figlio, con poche parole maledice la figlia, condannandola, forse inconsapevolmente, a diventare uno dei demoni più inquietanti del folklore ossolano. La Vaina.

A raccontarci la storia è il nostro "Grimm" ossolano: Adolfo da Pontemaglio, al secolo Sebastiano Ferraris, un vero e proprio "etnografo involontario". Che ci racconta della storia di questa donna che, stremata dalla cura della figlia, la getta nel bosco maledicendola. «Và e tuca più né in ciel né in tera! Vai e non toccare più né in cielo né in terra». Questo l'anatema lanciato. La bambina diventa così un moto di fasce, un turbinio rotatorio, un essere che andava evitato: se per caso lo si prendeva in braccio, inteneriti dal piangere, o peggio ancora ti passava in mezzo alle gambe ,si veniva condannati alla medesima maledizione. Una leggenda nata per ammansire i bambini, per evitare capricci ed insegnare loro a non avventurarsi nel bosco.

Ros: «Che cosa sia io, non lo so e neanche mi sono mai preoccupata di saperlo; l'importante è che io, la Vaina, esisto nella mente degli ossolani. E nel linguaggio. I termine *vainè*, *svainè* e *stragvainè*, esprimono tutti l'azione poco simpatica dello strillare dei bambini. Perché io sono un neonato in fasce che andava a rotoloni per un pendio urlando disperata. Uee, Ueee, Ueee... Venite a raccogliermi, sto cadendo! [piangendo] Qualcuno ha pietà di me? C'è qualche anima pia pronta a raccogliermi? Ma siete tutti senza cuore?

E così attiro il malcapitato, che pensa di soccorrere un bimbo in fasce disgraziatamente cascato dalla culla mentre la povera mamma forse stava falciando un gerlo d'erba nel comunale. Loro accorrono affannate per salvarmi. Ma appena mi tirano su, invece di trovarsi in braccio un bambino in fasce, si trovano esse stesse tra le braccia d'un biondo giovane libidinoso. Ah ah ah! [ride di gusto]- E riuscivano a liberarsi solo se avevano qualche oggetto benedetto indosso, perché la versione del biondo giovane è in realtà quella del diavolo.

Naturalmente non inganno solo le donnicciole, ma mi prendo anche gli uomini ben tarchiati e dallo stomaco peloso.

Mi ricordo di quanto tormentai un vecchio per tutta una notte. Lui, il vecchiaccio, era partito una sera d'estate per portare sull'Alpe una gerla di vettovaglia, appena fuori dell'abitato, quando comincia a sentire dei passi come se qualcuno lo seguisse a pochi metri di distanza. Si volta indietro non vede nessuno, prova ad accelerare e anche l'essere invisibile - io - accelera, rallenta e anche l'altro - sempre io - rallenta. Per fingere di non aver paura, si mette a fischiare e cantarellare canzonette, incurante del sudore che gli bagna la camicia e il gilè causa la doppia fatica; ma sbigottito sente che l'incognito che lo segue fischia, canta e cammina come lui, né più né meno.

[rumori vari di passi fatti con tamburo]

La notte è alta, la strada serpeggia nella pineta dove ai raggi della luna è proibito di entrare; egli non sa se proseguire o ritornare sui suoi passi, nel dubbio pensa bene di riposarsi un po' ed anche io, la perfida Vaina, invisibile mi riposo. Lui soffia, io soffio. Lui tossisce, io tossisco.

Lui guarda il bastone nodoso che stringe in mano, si fa coraggio ed entra nella pineta. Che ingenuo… Ora pensa che non lo stia seguendo nessuno. ma lontano lontano sente come un soffiar di tramontana, uno stormir di fronde, uno spezzare di rami. Il rumore s'avvicina, diventa tremendo, pare che tutta la cupa foresta si schianti e i tronchi colossali caschino sullo sfortunato montanaro per schiacciarlo, come un topolino.

Luca: «Lascia la gerla! Lascia la gerla!»

Ros: … grida una voce, ma egli continua imperterrito il suo cammino.

Il pandemonio cessa, ritorna il solenne silenzio interrotto di tanto in tanto dallo stronfiare dei gufi in cerca di preda tra le gole dei monti e d'un tratto su di un muricciolo della strada compare una capace *cruvalina* piena di buon vino. E' il mio ultimo inganno. Lo sano tutti che gli uomini sono tutti un po' deboli per l'almo liquor di Bacco. Gli do la possibilità di prendersi una sbronza con i fiocchi! Ma questo non cede, non gli interessa nemmeno il vino! Così gioco la mia arma: la boccalina la trasformo in neonato in fasce e lo faccio cadere dal muro e rotolare per il pendio. Non resiste. Prende il bambino in braccio e…

Luca e Claudia: [BUM!]

Ros: eccolo, qui, maledetto e costretto a vagare nel bosco, di notte, sotto forma di turbine.

BRANO BIS: Aninnora

[Tamburello]

Claudia: Aninnora

Anninnora anninnora cuccu meu

Prama di otti lera fitzu fitzu

Tentu m'happ 'nu fitzu incrabu mannu

Soddos sos scaboddos de sa ghedda

Folla manna niedda satzaresa

Arrosittedda, arros'in tundu 'n tundu

Si bivis in su mundu gosadia

A su timbiri timbiri timbiri doa

Ehja

Ninna nanna gufetto mio

Non ti posso cullare figlio figlio

Ho tenuto un figlio nel grande ventre

Sotto le colonne della chiesa

Con la mano nera sassarese

Gira rosellina in tondo

Luca: Finisce qui, con un brano sardo, la
nostra breve panoramica delle leggende. Un
patrimonio immateriale che, purtroppo, si è perso
nel corso del tempo. La crisi dell'uomo post-
moderno, il ritorno alla tradizione e la riscoperta
delle leggende che un tempo furono abbandonate;
è questo lo scopo del presente spettacolo. Come
fare a salvare questo patrimonio culturale? In un
solo modo - come abbiamo tentato di fare noi
stasera -: raccontarlo, rimacinarlo, reinventarlo,
narrarlo.

Quando tornate nelle vostre case raccontate
queste storie, modificatele anche, perché non
dimentichiamo che le storie e le leggende sono
qualcosa di vivo e legittimamente modificabile. Le

leggende non sono scritte nella pietra, ma volano nell'aria. Raccontatele ai vostri figli, ai vostri nipoti, reinventatele, rendetele più dolci o più truci, poco importa, ma cercate di non farle perdere. Perché perdere questo patrimonio, di cui vi abbiamo illustrato solo una parte infinitesimale, è veramente un sacrilegio...

Buonanotte!